Philippe Puech

CONSTANTES FUGACITÉS

Mon Petit Éditeur

Retrouvez notre catalogue sur le site de Mon Petit Éditeur :

http://www.monpetitediteur.com

Mon Petit Éditeur
14, rue des Volontaires
75015 PARIS – France

IDDN.FR.010.0116131.000.R.P.2011.030.31500

Cet ouvrage a fait l'objet d'une première publication par Mon Petit Éditeur en 2011

Adieu, Bernard

Adieu Bernard l'ermite
Pathétique copain de l'eau des mers
Littoraux doux sableux des mignons et mignonnes petites
À demi nus, tellement offerts
Aux deux azurs…
Seuls souvenirs d'un âge plus mûr
Un peu plus loin du regard des pères
À genoux parmi la mer,
Adieu coucou des plages
Sautant toujours à l'autre coquillage
Poussés par tes petites pinces
Agrippant tout avenir de princes.
C'était tes années fastes
Divertissement hors caste
Seul jouet nature
Tu nacrais le sable des masures
À côté d'un pote, crabe junior,
Faisant jubiler aussi,
Avenirs des vies de ceux-là, de ceux-ci
Les petits-fils des pécores.
Aujourd'hui, personne ne parle plus
De toi, coucou, jouet têtu
Sautant d'un rire de bébé d'homme
À l'autre.
Confiture de guêpes, blettes demi-pommes
Fichu apôtre
D'un bonheur de côtes
Disparus, à qui la faute ?
Tendre allégresse,

Cendre d'aloès,
Souvenirs d'enfance,
Azur des masures,
Provence défaite,
Plus d'épuisette qui te rassure,
Tu n'es plus de la fête.
Ainsi le nouveau monde s'assoit,
Sur ce sable sans toi,
Petit crabe nu,
De nos jeunesses perdues.
Âge tendre, vieux mythe
Bernard l'ermite
Qui se souvient de toi,
Coucou des plages, jouet têtu,
Sautant d'une coquille à l'autre
D'un rire d'enfant au dernier des nôtres ?

C'est bien !...

C'est bien qu'une partie du beau ne soit pas comestible,
qu'un pan de la beauté, du règne animal ne soit pas alimentaire.

C'est bien que ces vols sans but, sauts d'écumes des rouleaux brutaux,
immenses et ravageurs, ne soient qu'une forme de jeu.

C'est bien de marcher sans but au milieu de ce qui semble ne ressembler à rien
sauf à un site possible de maintes vies.

C'est bien ces étranges autruches, ces chiens assoupis, ces vents hurlant à rien
cela sent le but atteint.

C'est bien ce rien spolié, brûlé, déchiqueté,
ce grandiose naturel éloigné de l'affect, sauf à l'œuf, au terrier.

C'est bien cette laine, ces plumes, ces vols, ces goélands de nuées,
ces mains aux chauds fonds de tes poches.

C'est bien que mère et fille soient dans un port non loin de ton autre fille,
autre femme, à deux encablures de ta base.

Oui, c'est bien d'avoir un cœur aux vents des confins,
éprouvant son virtuel retour vers les fruits de deux amours.

Oui c'est bien de prendre l'air, de respirer au fond, ces nulle part déchirants,
ne comptant ni les étoiles ni les vents.

Alors, mon ami, l'aventure est comme ce vin, immédiate et chaude, l'oubli ou la mémoire, en sont les tributs dérisoires.
Seul le certain, le sûr, la volupté retrouvée, le calme d'une femme, ressemblant à ces étendues de nature
Te rendra à cet intime chemin vers les sourires nés ou façonnés de tes mains.

C'est pour après-demain, un jour encore lointain, ce courant d'air plus chaud exhalé des nuées de ton destin,
Te rendra ce plaisir furieux d'avoir eu raison du but, celui plus rond d'une chaleur viscérale, plaisir ancestral
Du ventre de cette maîtresse sûre qui fera de l'orgasme une totalité vitale où, tout, tu sauras de nouveau relier.

Le Regard du Marcheur

Le regard du marcheur
Au paysage de ses pas
ne qualifie pas ceux-ci
Et encense celui-là.

La distance est le départ,
La pensée d'un bientôt partir
Se mêlant aux premiers soupirs
Se reliant à l'avant, à notre phare.

Ce retour vers un autre
Perpétue deux points de l'être
Sans jamais rejoindre le nôtre
Ce lieu, cœur incandescent des prêtres

Pour qui sont ces visages ?
Tournés vers néants et cieux
Pourquoi ces sourires opèrent-ils les vieux
De la tristesse du départ, du renoncement de l'âge ?

Chacun d'eux, rides d'enfants,
Sourires de vieillards crépusculaires
Nous réjouit, nous rapproche de notre ère
Comme une risée de mer au couchant.

Ainsi, mon ami, les cercles concentriques,
Menant du centre incandescent du cœur
Aux plus lointains états de l'être périphérique,
Sont le mantra du Bardo éternel fixant nos élans, nos peurs.

Ces rencontres, ces instants sont gravés,
Au livre des pensées, au granit des rochers
Comme l'on dit des notes de musique
Ne cessant jamais de vibrer à l'univers historique.

Au-delà des moments d'émotions sympathiques,
Bientôt, nous rejoignions le cercle de notre communion
En lequel œuvrent les forces scellant nos intimes unions,
Et où s'opèrent le choix de nos matrices, chairs emphatiques.

Se livrant à l'étreinte, goûtant les baisers
Se baignant à l'affection, retrouvant le socle et le sein,
Dans la fougue violente des corps arrachant au matin,
Un peu de ce mystère, disant pourquoi nous sommes allés.

Et tout existera encore et partout
Sauf ce qui, nous submergeant de dégoût,
Se sera vu recouvert des excréments, des eaux usées
De la triste et dérisoire gabegie de notre humanité.

À Théodore... sables et dunes

Pour ceux qui reviendront
Par amour, par jeu, par mission
Pour ceux qui seront là sans l'avoir voulu
Pour ceux trop peureux, à jamais disparus
De faillir à être trop heureux
D'à nouveau venir ici bas contempler et vivre les cieux.

Le monde s'est aimé
Et s'aime à ne pas vouloir s'oublier.
Il fait, depuis des ans,
Plein d'efforts stupéfiants
Pour figer les instants de toujours,
Rendre si normal l'amour des beaux jours.

À chaque bout d'une décennie
Il y a ses piles de non-oubli
Tassant les pull-overs d'hiver
Et les chaussettes d'hier
Dans ces affreuses,
colossales, poussiéreuses armoires
Où à chaque printemps se renomment les tricards de nos mémoires.

Photos ektachromes
Cartes postales polychromes,
Copains, copines des bords de mer,
Anodins souvenirs du sourire de notre mère
Se mêlent impunément, fond de poches de nous mômes.

Bleu azur cinémascope, logo Warner
Donnent de l'air à nos femmes d'hier,
Mémoires de nos fantômes post-synchrones
Tandis que fout le camp la couche d'ozone.

Coups de soleil bientôt mortels
Coup de cœur trop tard, trop jeune, si rebelle !
Le sable des plages est celui des déserts
Vestiges du vieil océan d'avant-hier.

On ira tous, un jour, marcher là-bas,
Théodore sur tes pas,
Ramasser tous ces cailloux et fossiles
Tâchant que nos pleurs cachés ne jaillissent pas de nos cils.

Les livres fruits

Librairie maraîchère le long des trottoirs du net,
Avec les pays commençant de ne pouvoir rejoindre,
Les fruits n'ont plus de saison, les saisons à peine ici leur fruit
Eh oui madame, monsieur, passants, chalands de cette boutique virtuelle,
Un plaisir rare ici, ou ailleurs, vous est offert
Goûter un livre, toucher sa peau, soupeser sa maturité
Livre pamplemousse à peau épaisse, au goût amer
Livre pomme à croquer après juste l'avoir essuyé ou passé sous l'eau
Livre banane au contenu très protégé, nutritif et meublant… un temps
Livre fraise, prune, mirabelle, dont on peut chiper deux lignes à l'étalage…
L'idée d'une ligne, d'un chapitre, d'un début ; ce goût de l'auteur suintant
Comme ce bout de soleil froid, encore chaud, capturé par la peau… du fruit.

Faire là ses courses en flânant, émerveillé encore de ces énormes tas
Ruisselant d'odeurs, de couleurs et de goûts cachés là, au-delà des peaux
Juste à portée de dents… non, les yeux d'abords !
Comme d'authentiques instruments de mesure,
Mesurant le sucre, l'amertume, la quantité de jus…

Sanguines oranges, nectarines pourpres, terres rouges, brunies
De soleil, de lave ou de sang, nourrissent ces chairs fermes, transies.
Comme ces écrits en ligne faisant sécher les larmes, couler les pleurs
Plein panier de semence, sillon des laboureurs
Encore beaucoup de mots, d'heures, de moissons de vergers,
Où ces livres fruits, agrippés aux branches des arbres de vie
Perchent nos mémoires, assument nos espoirs,
Nourrissent nos bandaisons de la chair des fruits de nos passions.

Un raisin noir d'hiver chilien, afrikaner goût élégant d'un plus loin

D'une autre terre, ou s'exiler d'un moment sur la terre d'un autre paysan
Lignes noires ou bleues, paragraphes amers
Où le récit renonce à faire s'aimer ces êtres, personnages,
Courant, marchant sur le trottoir des arbres
Toujours entre deux saisons entre deux lunaisons…

Parcourons, soupesons du regard, du toucher de l'esprit,
Tous ces mots de lignes qui nous parlent
De fruits, de saveurs, de bouchées, d'embrassades…
De taches sanguinaires sur des tapis de feuilles mortes ou de moquettes usées,
Sous les acacias puant des parkings de motel,
Aux cerisiers trop blancs aux promesses sans fruits.

Votre plaisir est celui du maraîcher,
Votre terreur celui de l'auteur boucher,
Votre jouissance mêlée à celle du libraire des quatre saisons,
Ayant su gagner une autre virtualité, celle-là même qu'ici vous rejoignez.

Fumeurs de Brunes

Sur le brun soyeux des pubis gitans
Le crin des caravanes,
Les oreillers fleuris des gitanes,
Aux rubis cousus à la dentelle des ans,
Coupée au fil nacré de leurs blanches dents…

On entend des guitares enrouées
Se plaindre de les rouler ;
Sous ces fenêtres nomades, le tabac en paquet azur
Se fume à l'heure des peurs bleues d'aventures

Le coup part,
Cartouche pleine,
Tirée à temps,
Une panthère de soie,
Au casque brun et sourcils noirs,
Daigne un petit matin,
Te faire la beauté d'un soir,
Sans être ta putain…
Toi puant ton tabac,
Mauvais bordeaux,
Trop bon whisky,
Champagne vomi,
Coupe pleine,
Toi qui nies !

Ainsi la brune, couleur des vraies reines,
Parfume nos roulées rêveuses,
Opium de nos veines,

À évoquer leurs pubis unis,
Par cette couleur à l'entrecuisse,
De l'Égypte à l'Asie
Toutes les brumes fument
Auprès des feux de camps,
Cheminées de roulottes
Méditerranée, chemin de la mer nôtre,
Toi, pas un autre
Toujours notre hôte
Ce parfum de brume
Ce halo de brun

Fronce tes sourcils d'autres peurs, d'autres délits
Sans filtre, à contre-jour,
Les danseuses de brumes,
Enroulent nos souvenirs d'âmes,
D'âcres vérités, odeurs et parfums de l'oreiller des femmes

À bientôt nous parler regrets, chagrins
La gitane et son beau brun
Se roulent encore sur l'oreiller
Des jours toujours qui passent ou pas,
Malgré le temps d'une clope
Tu jettes au ruisseau ton mégot
Tu cries à la mort pollop !
Bogart embrasse Lauren à pleine bouche
On est plus loin de Key largo
La fumée chasse pas les mouches.

Fumeurs de Blondes

Fumeur,
En es-tu amoureux de la blonde qui tue
Doucement te consume dans sa fumée volage
Film presque déjà d'un autre âge ?

Coma de ton cendrier, près de son corps nu
Ce matin tu la regardes,
Halètes, et crains que t'ayant aperçu,
Inerte au plus,
Elle ne se rendorme, juste ciel, chienne de garde.

Exaspérant émoi, qui va et vient à ta bouche,
À ton corps, comme ton briquet qui t'allume ta douche
Puis qu'un plaisir égal, écrase, profane, puis éteint,
Par paresse, crispation ou simple jeu crétin.

Paquet plein, bardé de ses promesses à froisser,
La blonde à fumer sait se faire aimer, désirée toujours,
Comme ces contrats muets signés entre douleur et amour
Savant calcul pour aurore majuscule à tout recommencer.

Nouveau paquet, nouveau baiser,
Petite fumée douce,
Un peu plus tard la fée tousse
Pourquoi un jour ne pas essayer la rousse.

Dans la brousse,
Humide et sèche,
Moquette en mousse

Tes pieds dans la housse
De couette,
La vie c'est chouette…
Cendrier rincé, une fois par jour,
Sous peine, un matin,
De compter les mégots du lit,
De ceux du salon où tu as ri,
Beaucoup, au milieu des sourds.

50 ans en 2003 !...

50 ans en 2003, le temps ne s'arrêtera pas là.
Posé l'étrange instant équidistant du zéro et du cent
il reste à concevoir l'aperçu, le point de vue, le croire avoir vu
Et ce en vertu du ressenti, de l'établi, de ce quoi, de l'homme moi, pourrait être transmis
Comme étant la somme incontestable, de l'admirable, du vénérable, du stable
Avec ce minimum d'improbable laissant à l'aventure sa mesure, sa nécessaire tenue
En laquelle l'histoire d'une vie se mêle un peu à l'histoire des vies… de vos vies ?

Parce que vous êtes là, parce que vous lisez cette note et que d'autres, la multitude
S'enivreront longtemps à la seule réalité des incertains demains, de la somme des inquiétudes
De ces délicates incertitudes tachant les linges mêmes de nos béatitudes si désirées…
La mort avortera toujours dans les bras délicieux de l'aimé, c'est pourquoi je transmets ce seul mot : aimer
Ne cesser ni de le faire ni de penser le faire,
Faites le sachant que vous le faites
Ignorez qu'il vous habite si cela vous sied à paraître moins fragile
Mais jamais ne répudiez cette arme fabuleuse, ce monde omniscient accouché de l'esprit
Où tout commence à luire de son signifiant apport, tout trouve usage et raison

Complicité, indication, le monde enfin se gonfle de ce pourquoi il est, nous parle, nous porte, nous abrite, nous suggère, nous fabrique et reproduit à l'infini de son sens des sens de vos sens sans interdits…
Sauf de le trahir, de l'abjurer, de le combattre, de l'envier.
Du chat au lion, de la chienne à la louve, de l'épineuse bruyère au buisson de camélia,
Du caillou de la route au marbre du Taj Mahal,
De l'heure dite, au retard, à l'absence, à la fuite,
De la haine pour ceux qui tuent, parjurent, annihilent, incarcèrent, et mentent, à la fois en des messies incorrects d'imprécis sacrifices et de rites sans joies…
Pas un murmure, une voix forte vous parle sans cesse du sens et des pourquoi du combat
Que chacun de vous mène et mènera avec sa part ou non d'allégresse ;
La vie ne s'arrête pas, c'est une pente
Un versant d'un mont sans nom que notre esprit gravit et descend sans cesse ;
Le sommet n'est pas de neige et de cieux trop bleus, le sommet en est ce moi aimant
Sachant parler d'amour, le faire et s'en confier, le ciel qu'il touche est-ce vous aimant
Cette vie devenue sans mystère puisque aimée de vous
Enfin puisse cette guérison de vos quêtes, vous confier dès lors le temps de la reconquête
Que l'humour vous revienne, que le rire triomphe, que la dérision soit la massue sur la tête des cons.
Je vous souhaite à tous d'avoir à vos 50 ans l'amour en vous et l'amour autour de vous
des amitiés durables qui auront duré
des sourires d'une femme ou d'un compagnon qui restera, l'ayant su garder
un corps de santé dur à cuire, prompt à aimer
des désirs inassouvis qui vous pousseront encore sur, des chemins d'âme brinquebalant.

De l'eau fraîche et pure, une terre reprise aux imbéciles, un air à avoir l'air heureux
Le contenu des choses, la nature du beau, la joie d'être, l'absence de craintes…
Des millions d'euros, un bel appartement, une belle maison, des choses de la vie
Des voyages à deux, solitaires aux petits matins des mondes rejoints.

La fin des cons, la venue du dernier messie, mais non pas celui de la bible,
Des ovnis confortables, des bouts d'univers enviables, des horizons respirables
La joie toujours de vous asseoir à table, d'un verre, d'une femme belle qui passe,
De magnifiques et nombreux oiseaux pour la siffler, des arbres encore verts pour les nicher
Bref que la vie même soit vôtre pour ce qu'elle est, pour ce que vous en aurez fait
Le temps est l'accessoire utile d'hier, d'aujourd'hui, de demain
Il s'écoule certes, au détriment de rien
Le sablier a bien 2 verres
L'univers tibétain 2 vides pleins
De part et d'autre du point où toutes nos, vos vies reversent insatiables le jus estimé des destins

Mort

L'insouciance des chats,
Le courage animal d'être là, ça…
Ce noir soir sans rêves
Sans danger apparent, cette trêve
Du sommeil, d'un repos
D'oubli profond,
Sortie de coma, sans commotion
Exempt d'angoisse,
Sans peur ni trace.
Une nuit noire, opaque,
Volonté inouïe d'y respirer
Confins du repos des plaques
Poussées, ce malgré, vers des surgissements d'été.

Tectonique des sommeils
L'homme poison des abeilles
Dernier désir de ruches
De pomper nectars, emplir les cruches
D'un miel nouveau
Suintant avant que noyaux
Ne redeviennent femelles.
Sarment vert au vent,
Enseignement de l'enfant
Frais repas des gazelles…
Nul ici ne règne
Que cet instinct de vie
Guettant le lac rougi
Où la mort se baigne
S'attardant à sa survie.

Nul ici n'a d'images
Qui ne soit ce partage :
Pères et mères tour à tour
Pourvu que soit préservé l'amour
Sinon, gazelle, miel
Rejoignent ensemble un ciel
Si lointain, si loin de rien,
Qu'enfants dépourvus
Parents ignorés, perdus, en vain
Dans la rue des vies,
Se rebattent à poings nus,

Pour éloigner la mort
Venue leur rendre leurs remords
Au pire du père, son total oubli
L'alibi de cet orgueil
Si tape à l'œil
Qui nous affaiblit.

Un Lapin

À Mathias

Des Îles aux lapins, aux lapins des Îles,

Il se trouve en nos fleuves, près des grèves, en nos rivières
Certainement une truite experte en moulins et ponts.
Mais, je n'ai jamais vu un lapin contemplant la mer
Ni d'ailleurs un mouton interpeller du regard les monts.

Non, jamais, à l'instar des vaches et des cochons
Je n'ai observé un lapin savourant les terres grasses
Tout en emplissant ses oreilles grandes et ses petits yeux ronds
De l'étale haute, le clapotis, les rocs à l'abandon des marées basses,

Ni plus que s'effrayer aux bruits des lames se brisant
À deux mètres et moins de son petit carré de champs.
Ces lapins insulaires ont une patte marine
Les tenant en dehors de la peur des abîmes.

Qu'ont-ils en ces silences à savourer de cette insouciance ?
N'aimerait-on à cette nature prêter un regard sur elle-même,
Détaché des quêtes alimentaires, des dictats de la panse
Loin des peurs rudimentaires, si anciennes que cette flemme,

Paresse remarquable, à l'affût de toute économie de geste,
Pareil à ces grands fauves laissant aux autres les restes
De leurs proies dévorées à moitié, comme obole
À tous ceux dont les vies semblent dépendre de ce jeu de rôle.

Guidé par la voix de l'espèce, attirés de la côte par cet exil vert,
Il attend marée basse pour traverser à sec
Et se retrouve depuis à gîter sur ce lambeau ventru des terres
Tâchant au moins d'éviter des grands blancs volants le bec.

Parfois des pêcheurs fermiers viennent y semer leurs brebis
S'éparpillant alors confusément entre herbage et moutons des marées.
De loin, sous les pluies basses côtières, de ces deux troupeaux, seul le bruit
Distingue ce qui broute et s'alanguit de ce qui soulève l'embrun mousseux immaculé.

Donc, reprenons !

Une île, un lapin
Un lapin sur une île, disons un matin.
La rosée sur l'herbe rase a ce goût de sel, si bon
Conférant à l'endroit l'original festin
Vers lequel, courageux, il bondit par les bancs sableux découverts
Le matin d'un jour, fuyant un prédateur des terres, un froid d'hiver…

Et puis on marche dessus suivant ces allées grèges
Filant entre bruyères les arrondis de granit et de sable
Côte éphémère, fuyante sans cesse au gré des flots aimables
Pour tourner en un bout, le bout de l'île, où tout est sortilège.

Cet endroit particulier, tourné vers le large, en pleine mer
Ce cap marin étreint nos pas de gamins attardés
Comme si là-bas, en ce bout, nymphes sirènes et fées
Se régalaient ensemble d'un ragoût saumâtre, lapin, fruits de mer…

Alors, pourquoi ce récit tourné pour le moins,
Sans vergogne, tout entier vers cette tête de lapin

Câlinant ses oreilles aux cris des mouettes, aux chants marins
Rongée par nos mythes, de nos souvenirs de galipettes dans les foins ?

Si tant est qu'éternel soit ce petit matin de lapin,
Lui ne le sait et s'en moque tant occupé à ne pas voir,
Préoccupé seulement par son juste soi sans hier ni demain,
Indéniable occupation de vie de ce vert et salé talus, jusqu'aux soirs.

Si nous n'étions ni la truite, ni le mouton, ni ce lapin des îles
Que serions-nous, marins terrestres aux ports de nos angoisses innées
Jamais satisfaits du sec, fatigués de l'humide, parjurant, imbéciles
Nos justes sorts malins, pouvant contempler un temps ces humbles destinées ?

Boire face à la mer !!

La balade de Gilbert… !
la légende d'Albert… !
la la lon ler, la la ler !!

CONSTANTES FUGACITÉS

Amères nostalgies,
Contes de plumes,
Solaires idioties,
Cornes de brumes,
Chaleurs immédiates,
Brouillards, frimas sans dates
Frais, très frais couchants
Galets immobiles en ces instants,
D'incompressible durée, les marées !
Lesquelles prospèrent aux heures du long des ans.

Sur ces pontons de bois, les pieds nus d'été,
Du peuple, des bourgeois, d'étranges fortunés
Trouvent un instant la chaleur d'un port
Ensemble familles, copains, plus forts

Tous, chacun, s'empressent à l'embarcadère
Comme pour un instant fouler un peu du légendaire,
Tous, chacun vont en elle, la mer, s'ouvrant ainsi
À sa fréquentation entre amour et calomnie,
Capricieuse maîtresse, aux heures dites de ses marées
À ces jours tranquilles à pouvoir jouir de ses îlots,
Pique-niques, bières, enfants nus, sable mouillé,
Coquilles blanchies, vols azur de goélands !
Commentaires idiots des copains matelots,
Ivres de soleil et de vin blanc…

Foutaise des mers, bandits non manchots,
Macareux à l'agonie, moins de poissons,

Dernières otaries, durcissement des saisons,
Fin du décor de nos jeunes âges,
Et toujours ce dernier nuage,
Voilant le rouge couchant à l'horizon des flots.

Mon Pastis dans son verre,
Servi sans le doseur fatal,
Jauni le ciel flamboyant, bleu, crépusculaire.
Je m'accoude aux rayons solaires, guettant l'idéal,
À deux pas du cercle des amitiés côtières.
Comme chaque soir le soleil s'engloutit
Sans vagues ni tsunami ni clapotis,

Au cœur du cœur des regards,
Sauf ce nuage bas rayant, à l'horizon, la vue, bâtard !
Toujours heureux qu'une mouette, qu'un goéland
Tout autre oiseau d'élégance marine, en plein élan
Choisisse en son ivresse de vol
De passer vertical au-dessus de mon sol,
De là où mes pieds posent
La caméra de mon âme qui ose.

Insolente, indiscret témoin
De cet héroïque foisonnement ayant fin
Comme un salut, clin d'œil d'un émoi à l'autre
D'un moi à l'autre, ego de peau, oiseau de plumes
Miches de pain jaune, miettes offertes d'épeautre
Petite communion, les jardins ouverts, leurs chemins de bitume.

Puis l'oubli des joies de vivre, un peu, côte à côte,
Chaleur perdue, jalousie radicale, odieuses envies : la faute
Le long des grèves si dangereuses, si belles
Le marin, l'ouvrier, le bourgeois s'arrachent les dentelles
Des culottes, des terres, des femmes aux yeux clairs
Tout oublié, disparu, restent l'argent, le pouvoir, la chair.

L'âme, au large flottante, revient aux marées,
Parmi les coquilles vides,
Les déchets plastiques solides,
Les écheveaux de pêches, filets de nylon
Vieilles boîtes et bouteilles, gamelles et bidons
la ler, lon ler
Flaque d'eau limpide, parmi les bois flottés
Elle reflète le bleu, le gris, le sombre des nuages
Miroir de nos pas de grèves à tous nos âges,
Elle nous rend ce goût perdu de l'aventure innée.

La vie donc en reflet,
Sur la grève qui coud et sèche les filets
Incestueuse sûrement, suave filiation aux confins
La mer, ses océans de vagues, ont des rêves câlins
Des colères communes, de sanguinaires affluent…
La vie donc regarde
Ce qui la rend hagarde :

Des ports vidés de leurs chaluts,
Des cités agricoles suant le vert au rivage
De jeunes matelots ivres se mutilant aux virages
Nourricier tourment de l'océan, sa mer, ses enfants.
Un verre vide est une contrainte sans fondement.

Plus loin dans les terres,
Un autre jour de la même guerre,
Celle d'un quotidien non loin de cette côte
Ou tout semblait possible encore, côte à côte !

Putain de chimère, juste un corps à corps

La paix d'ailleurs, sans doute,
Clin d'œil vers l'eau, l'homme se voûte…
Un peu, fier encore,
Son dernier mot est, sera celui de son mort !
Corps refroidi, quitté sans remords,
Vers ce large qui rugit en lui
Depuis qu'il aime se tremper de pluie.

Comme sa chienne se baigne et joue
À l'étang des nénuphars,
Elle remonte cette boue
Des lentilles d'eau, mémoires…

Il va pour l'engueuler,
Qui est le maître ici ?
Pas l'étang, la rivière je t'ai dit !
La chienne s'en fout, part cavaler.
L'odeur de sa joie mouillée,
Investit les bières mal avalées.

Qui sont-ils ces manants des sources
Ensorcelant les puits, séparant les vieux amis
Initiant le mensonge, la trahison, nouvelles diplomaties
D'arbitrages, d'intérêts financiers, loin si loin des ours
Ignorant Cassiopée Vénus, le cri des loups, les firmaments d'antan
Les chansons de gestes des guerres et des paix de cent ans.

C'est ce pourquoi, oui,
Partout on la sent, partout on le dit,
Elle est de retour la rampante,
Celle qui coule le long des pentes
Elle, oui ! l'insidieuse qui tous nous hante
La maladive, la collective, l'insondable frousse
Celle du peuple des gamins craignant la rouste
Petits crétins, agenouillés destins, allez ouste !

CONSTANTES FUGACITÉS

Tu ne veux pas non plus bander une aventure rousse !
Saint Yves, s'il te plaît, raisonne sur la faute,
Sur qui la juge, et veuille honorer d'un geste
Cette justice profane, quasi céleste
Faisant d'un quidam le bras de l'apôtre

Pas un futur cosmonaute,
Celui que nous voulons nôtre.

Ainsi est la colère de Gilbert
Qui regarde, seul face à la mer
les basses eaux, allures de lac,
Paisibles silences,
De ces flots sans instance,
Ténue caresse d'un léger ressac
Sauf des marées, en oublier l'heure… !
Gigotements des dormeurs,
Fonds des trous d'algues aux ormeaux,
Homards, langoustes, coffres aux joyaux,
Bocages marins des granits hors d'âge
Temps heureux ! Deviens sage !
Soyeux instants de vols d'oiseaux blancs
Remontante, calme brise
Rien ne semble s'écouler au néant
Quoi qu'en disent certains gueux, à leur guise
Jusqu'à l'avènement de ma colère
Se répète Gilbert !!! la lon ler
la la ler

Tout cela respire un souffle commun
Des suaves confins des couchants
Aux claires lueurs premières du levant… !
Et cela, chaque soir, tous les matins.

Et pourtant, une bière à la main,
Un pastis à venir, le cidre de demain,
Un whisky bu trop tôt,
Un gin de prunelles de derrière les fagots

Et pourtant,
Ce regard du large, croisant nos vies mêmes…
Comme l'impression d'une marine Chimène,

Et pourtant, soleil et souffle ardents
              femmes et filles belles et fières
                                      la lon ler, lon ler

Gilbert n'est pas amer,
Il a comme le temps, en une durée meurtrie,
Souvenir d'une cage, geôle sans mer
Comme, comme si un droit de faire l'avait re pétri.

Gilbert s'était dit :
Je ne suis pas du pain
Dont on fait les hosties !
Tandis qu'il se souvint
De sa colère se libérant alors en ses péripéties.

J'avais quinze ans, mon ventre blanc,
Déjà rongé d'angoisse à fleur de peau
Palpitantes révoltes contre ces crétins, et Vlan !
Aurobindo, spirituelle révolution, révélation du beau.

Philosophe mélange des anarchies profanes
D'avec ce vertige de Shiva, le libéré, de sa manne,
Nourricière, ardente, tombant de cieux prospères

Sur ces gourous de cendres, fous des dieux,
Transcendants et ivres d'amoureuses et védiques chimères…
En ce pays, cette victoire de Gandhi, presque nu, pacifiste et pieux…

Ce sourire divin et bleu du patron des voleurs
Uni à sa sublime Parvati au-delà de tous pleurs
Dansant l'infinitude des créations, la joie des ermites et des sages
Aux corps de poussière, aux souffles de haschich, sans limite d'âge…

Comme si ce Om était le son de la grande révolution,
Celle en mesure de confondre et d'établir ces civilisations,
Dont la nôtre, la dernière à ne point enseigner les prières,
Aux écoles de la raison, faisant naître les âmes guerrières.

Cette transcendance, divine exégèse de l'humain,
Faut-il l'opposer à l'homme, sa révolte, son demain ?
Les matriarches éléphantes, nos pères hirsutes de l'âge de pierre,
Eurent tôt la révélation nécessaire du souvenir, face au mystère.

Cette mort immédiate, froideur de la chaire, yeux vides, silences
Auprès du feu central, la tribu alertée, pleure, clame l'absence
Du chasseur, cueilleur, déjà père, mari, fils, femmes ou mères
Elle veut savoir, entendre et voir un chef digérer leur peur et colère.
La lon ler, lon ler

Guimbardes, ossements, tambours de peaux, nerfs et calebasses,
La musique native accompagnant les chants et complaintes premières
Forge sur ces instruments l'épique, l'éthique, l'ancre de ces prières
Que souvent encore, les marins, d'ici, d'ailleurs susurrent quand ça tabasse

Y aurait-il une seule bonne raison pour qu'on oublie,
Le courage, les peurs, la rage de savoir de ces ancêtres, leur génie
Qui durent apprendre en plus de chasser, survivre, se reproduire

Le pourquoi de la mort, la magie des êtres, et comment se le dire ?

Deux siècles d'histoire ont fait ce temps nouveau,
Où Dieu n'est plus salut mais l'ennemi du beau.
Mélange des genres, liberté profane, espoir d'une vie meilleure
Révolutions sanglantes, révoltes fondées, généreuses, pour quel ailleurs ?

Vallée des larmes pour le Siddhartha radieux
Contant la fin promise des méchants, par eux seuls
Racontant la passerelle, la roue de la vie, les cieux
Prônant libération, tantras turquoise, draps de linceuls…

Il faut lire, regarder, contempler, réfléchir
Sur ce en quoi diffère la lutte politique guerrière
Ces anars très beaux s'armant loin des prières,
De ces moines, des curés, des religions, du pire ?

La mort comme une porte, série de portes
Codées, à clés comme ces coffres forts dorés
Des banques, des usuriers, des états, cloportes
De la vie, des gens, des peuples, de lui, tous dévorés
De cette même trouille, de manquer, encore fiers,
D'éprouver, de croiser le vertige des misères
Frappant d'abord au-delà des mers, des océans
Et maintenant tenant quartier sur son vieux continent.

Conjonction, vaste mot relatant la circonstance
Météo d'une rare tempête, d'un ouragan fatal
Venus jeter à bas, de tous les états d'une paix, les instances
Cassant, brisant, échouant, diluant ici même la vie et son Graal.

Convergence des signes, accumulation de précédents idiots
Impossibilité progressive de trouver les bons mots
Pression de sa réflexion, bouillonnement de ses nerfs

Vierge Marie, pourtant je chéris l'océan, affectionne ma mère !
La lon ler, la ler

Plus rien ici ne semble concocter la paix, le respect, la survie,
Tout ici abâtardit l'instant, concoctant le pire,
Mensonges, grimaces, trahisons nourrissent le délire
Commun à ces trop nombreux et gras profiteurs, mécréants ravis.

Gilbert se questionne, se dit :

Qui regarde depuis la mer,
Qui juge d'après l'océan ?
Quelle gouttelette, embrun, écume,
Quel petit poisson ou grand oiseau, mammifère
Quel poil, quel œil, quelle plume
Contemple ainsi, cette manière d'instaurer le néant ?

Gilbert n'aime pas l'argent,
Encore moins ceux qui vivent de et pour lui.
Gilbert pense qu'il aime encore les gens
Ceux-là, l'invisible peuple des hommes, celui.
Qui grave en sangs et larmes, le sentier du demain
Gilbert prolonge sa main,
Comme les hauts rouleaux
Balayant vies et charme aux matelots,

Il arme sa colère

la lon ler, lon ler

Loin de lui, accidents, naufrages, infortunes de mer
Ils n'appartiennent et ne regardent que Dieu le père…
Ou Neptune, Poséidon, que sais-je ? les sirènes,

Voire le hasard des mers que le destin des marins concerne

Je ne suis pas un tueur
Mais me dois de promouvoir sa peur
Encourir de prendre des vies, non, loin de moi
Ni tempête, ni juge je ne suis que l'arme de mon émoi.

Ma colère, sans honte, m'enjoint de réagir
Je vais tromper ce monde, m'emparer du jouir
Le menaçant du faux j'obtiendrai la vraie teneur,
L'ardente moisson des liasses, fera mon bonheur.

Comme l'esprit sculpte la chair,
Gilbert part s'acheter un revolver
De ces faux si vrais comme le discours des politiques
Un sourire l'étreint c'est bien là trouver l'absolue réplique.

Il embrasse sa mère et quitte sa vie, son rivage.
Dès lors Gilbert, tel Billy, Jessy perd son âge,
Et s'en va quérir, grimé, ce sang de papier
Qu'on lui tend par sacoches pleines, semblant le prier.

Gilbert va bientôt poser son verre
Une fois n'est pas coutume
Il jette au devant son restant de bière
Gilbert n'est pas amer et continue de regarder la brume
Qui s'installe au couchant,
Comme la fumée d'un incendie des flots.
Il se lève et pisse au vent, en se penchant
Trop tard pour revivre pense-t-il, pâlot
Comme un sage l'a dit, le savoir vient trop tard
Pour vivre cet amour valant tous les avoirs !
Il remise sa braguette et part dîner

À la table de cette mère n'ayant cessé de l'aimer.
La lon ler

XXXXX
XXX
...

Certains couchants, j'avais pour habitude
De consulter, mon verre à la main, cette mémoire rude
Contant à mon esprit son histoire, le voyant ainsi,
Une dernière fois captif de sa mélancolie.

Ce sentiment curieux, informe sourire
Nous faisant contempler la mer à l'après d'un pire
Lendemain de tempête, juste identifier la grève
Bois flottés, algues éparses, parcelles de nos rêves.

La vie, ses souvenirs, ressemblaient ces soirs,
A ces dépôts banals et nobles, sur ce sable, séchant
Apte déjà aux prochaines marées, futurs instants,
Sans précédents, juste recommencement, sans histoire…

À part le contentement intime d'être, regarder, voir,
La déconfiture de sa lutte volontaire, de sa révolte sans gloire,
Des risques encourus, des châtiments subis, éloignement,
Que lui reste-t-il ? Gilbert est solitude, la mer son agrément.

C'est d'ici qu'il a choisi, c'est ici qu'il a saisi la nature,
Son Tao, sa conscience lui ont fait mesurer les parjures,
Sans avoir fait de même, mais procédant du même appel,
Je décidais de dédier mes voyages et errances à Gilbert, le fidèle.
et,

À tous ceux comme lui,
Ayant au préalable, pensé, réfléchi,
Rares âmes de piètres défis
Sans solutions, vies dissolues,
Pourtant non loin du salut
La la lon ler, lon la
à la mémoire d'Albert, de Guy,
Sur Terre, au Ciel, un paradis !
Rien n'est à jamais perdu !

Fidèle à lui, aux cieux des eaux ravies, à ce que lui montre la vie.
Fidèle à l'enseignement d'une fille rousse et blonde, Venise…
Elle se nommait ainsi, par son père jeune et ivre sous la bise
Trop jeunes pour l'amour, ils furent séparés : la société : son avis.

Longtemps il n'en garda que le goût un peu nacré, salé,
Compara souvent les rivières côtières par les marées gonflées
À son ventre tendre qui l'accueillait ouvert
En ces instants charnels de leurs deux corps à découvert.
La li lon ler, la ler
Coups de poings, désertion, rébellion tout devint pugilat
Ainsi le jeune abbé vint à lui en son premier pensionnat.
Il avait la fougue des jeunes fois, élégantes exigences
De la fin des mystères, un savoir rigoureux, de Jésus les instances.

Guerrier, chef de bandes, puis martyr et fils du père des cieux,
Gilbert n'en prit que grâce, possible rémission, juste pardon.
Il n'apaisa pas sa colère, dont les feux ralentis par ses pleurs,
Pas plus ne sortaient de sa bouche, que trahis par ses pâleurs.

Parfois ses souvenirs se mêlent au courant de sa colère,

Il invective, s'ébroue, parle fort à lui-même, cherche son air :
Au fait tout cela, cette eau dont on ne sait trop, c'est, comme si
L'océan, la mer n'étaient pas assez profonds pour noyer ce messie !

Doux Jésus, pourquoi tant de haine, de déni, de dédain,
Ceux qu'ils n'ont pas tués sont niés. De Trotsky, l'assassin
Pharisiens, romains, Imam, Papes et consorts ont ce même ressort
Il faut tuer l'idéal, éradiquer le libre pour le pouvoir et l'or.

Cet homme poisson nommé ainsi dans les Indes du Nord,
Au Népal, à Lhassa, on le vit, Jésus, ayant quitté Père et Terre,
Visiter tranquille et attentif, les sources infiniment, de sagesse prospère
Assis parmi les ermites, les moines, écoutant les chamans chanter fort

Ces mantras, ces prières, nœud de l'âme et des chairs
Ouvrant depuis cet incertain toujours, le si peu d'espoir,
Commençant de poindre aux lisières des métaux, fin de la pierre
À ces âges où tout fut inventé, y compris des morts l'au revoir.

À la morale, très vite, cet alibi parfait des contrevérités,
Vidée du moindre vrai, vouée aux plus vils intérêts,
Il préfère l'exigeant inconfort d'un juste ressenti de la réalité.
Son intuition jalouse brille alors comme d'un chemin les reflets.

L'honneur au marin, ni héros, ni l'orgueil des courageux idiots,
Il trouve le digne et s'affirme en la dureté du bout des mots,
Celui des paroles données, non reprises ; libre et juste,
Sa vie il en décide, conscient des dangers, il exhorte la flibuste.

La lon ler, lilon ler

Au-delà de sa peur, il trouve des paix, un bonheur transitoire
Qu'il compare sans rire à ces semaines de répit, les vents du bleu
Ayant chassé à d'autres contrées ces nuages si bas, si noirs

Ramenant, diantre, le ventre en son désir, au lit des draps heureux.

La furie des éléments, certains hivers, déclenche ses rires
Qu'il partage avec ce peu d'amis, son cercle de non-repentir.
Vénérés, idéaux, moins nombreux, bien moins que les verres,
Qu'ils sortent parfois pisser, trempés, aux vagues et embruns de l'hiver.
La lon ler, lon ler

Un beau matin, ravi dans les bras de sa Venise,
Revenue des carnavals, dix jours sans remettre sa chemise
Depuis deux ans, nus sur les grèves, dansant à tous les bals…
Il entend à ses portes et fenêtres, non les volets claquants au coup de tabac,
Mais bien la voix, le poing des policiers, des flics : fin du sabbat.
Le temps d'embrasser son ventre, il lui dédie la corne d'un narval.

Dans sa chambre de gamin, un tiroir de la commode bretonne,
Contient ce relief d'amour du père, première clé de son imaginaire.
C'est pour elle. Il ne l'a vu que deux fois, deux matins foirés des nonnes,
Ou, comme aujourd'hui, trop loin de la Terre, elles perdent leurs prières.
La lon ler
Il lui rend sa liberté, lui dit que sa vie est moins finie que l'océan.
Il lui dit qu'un seul ami vaut mieux que dix salopards aguerris…
Il va pour lui dire que son bassin contient tout ce qui lui a souri,
Il lui crie de pas l'attendre, les menottes n'entravent pas l'amour en son céans.

Il lui hurle, qu'elle est l'amour, de la vie, la révolte délicieuse
La conjure « Fous le camp là-bas où les îles flottent,
Rejoins partout les nomades en praos, felouques, et roulottes !
Ne t'attache qu'à celui, qu'à ceux dont l'âme t'apparaît précieuse ! »

Ils ne se revirent plus. Elle est, comme la mer, un souvenir constant.
Les longues nuits il évoque leurs lits, sa peau, ses rides de plaisir.

D'immenses matins, il compte les vagues sur leurs plages de délire,
De graves soirs, granits froids, galets humides, il se sait combattant.
Lalon ler lon ler

Elle ne portera pas son enfant, ni plus que son destin.
Trois beaux meubles, une vielle jag à double réservoir
Des livres, des vinyles par centaines, musique de leur soir
Il lui laisse tout de Coltrane à Debord, de l'âme un festin.

Gilbert est menotté, ses mains retrouvent le geste
Derrière des barreaux serrant le ciel, taisant son reste…
Son sourire contient encore l'étincelle du défi,
Sans remords, acceptant il pense durer, faire fi.

Il voudrait que ceci prenne sens,
Commence d'écrire non sa défense,
Peut-être un condensé de ce qui lui fit franchir
Ces invisibles caps, ses passages à l'acte, pour faire réfléchir.

Il pense fort à la mer, trempe sa plume aux vents,
S'agitent au fond de lui les brisants, les nuées d'écumes rageuses,
Ces vols foisonnants, ces cris, hurlements des mouettes au levant
Il va lui dire, que la nature a fait de la frégate une voleuse.

La lon ler, lon ler

La plaidoirie des oiseaux...

Monsieur le président,

La nature ne contient pas le jugement d'un bien, d'un mal.
La frégate est un bateau de chasse, flibustier de haut vol.
Ce vaisseau d'illustres rapines tire son nom de cet oiseau frivole
Ayant coopté la prise, comme fine conclusion, à l'évolution générale.

L'insolence du propos serait de prétendre à l'excellence de beauté
Me comparer à cette harmonie d'envergure et d'élégance,
Dont les faiblesses confèrent à cet être de vol et d'air, la sentence
Le faisant moins pêcheur qu'acrobate rançonnant en pleine majesté.

Ces oiseaux peu marins craignent la terre et l'eau !
Leur envol est contraint, leur plumage perméable.
Le vol est leur histoire, huit jours sans toucher le sable
D'une grève, délicats, fragiles, ils se pressent sur l'îlot.

Ils se posent là, en des nids de pierres, gorge rouge déployée
Pour que toujours leur vol réjouisse des cieux la joie des marins
Qui s'esclaffent les voyant se rire des pêches fraîches, des nuées
Tandis que l'étrave fend les flots, vers nouvelles heures, prochains matins.

La tragédie, la beauté, le drame, l'équivoque en cette vie
Chaque homme est ce marin ignorant de son sort, riant si fort
C'est ainsi qu'il agit à l'acquis, à l'instinct, au-delà du remords.
L'instant détient la clé de l'acte, synthèse immédiate de ce qui est lui.

Le vrai lui, celui pour lequel il veut vivre son quant à soi,
Souvent les femmes, l'une d'elles, au port, ailleurs, en un lit
Désigne celui-là, habitant plusieurs êtres de son âme accomplie
Débordante, abondante, modèle et aliment de tous ces autres soi.

Les totems natifs reconnaissent et honorent cette part du sacré
Opérante, impérieuse, intégrée au Geste de ce règne animal.
Les Égyptiens, Mayas, Inuits y confièrent leur sort, ancrés
Aux griffes de l'ours, souffles du taureau, beauté de l'ibis, course du chacal.

L'aigle, le faucon, tout être ailé volant, l'homme l'a adoré.
L'exemple, le modèle commencent là, l'inspiration du sacré,
Prennent source, non pas aux dieux d'un ciel rêvé, mais aux pères
De plumes, poils et chairs agissant depuis toujours au mieux de la Terre.

Le pélican flotte et marche, goélands, mouettes et pétrels aussi,
Le cormoran côtier sait sécher ses ailes de vols et de nages,
L'albatros parfois se pose au pont des navires, dont il devient le sage,
Pourquoi cette frégate dès lors doit-elle résoudre ce double souci ?

La lon ler lon ler

Qu'est la règle commune,
De l'ensemble de ces poils, peaux et plumes ?

Rien n'est certitude, peu de chose avérées,
Or celle-ci, cette alchimie basique, se doit d'être l'exemplarité.
Gilbert ferme les yeux, pour voir au-dedans de lui, la mer
Et de sa plume poursuit, évoquant le goût d'une bière

Monsieur le président,

Tout semble avoir été dit, pensé, écrit,

Sur ce sujet, lequel ? : La nature du délit.
Piles d'études, narrant histoires en solutions fécondes,
De celles que les experts en gris de leurs salaires abondent.

Les tous ceux que par un petit matin blême,
On a sortis du lit, disant, habille-toi, y a un problème !
Ne se ressemblent pas,
Croyez-moi bien, loin de là !
La ler, lon la

Le sens instruit du malin,
Le goût exécrable du faquin
Ne s'y retrouvent, ne s'y associent guère
Jusque et y compris en leurs raisons premières.

Un voleur de pomme,
Un libertaire d'automne,
Un gangster d'État,
Un ministre scélérat
Un banquier marron,
Une dinde sur le perron,
Un violeur de nonne,
Un souteneur de bonnes
N'ont pas eu les mêmes raisons
D'agir, de s'emparer, de fuir, craignant la crevaison,
À cheval, en voiture, se riant des garnisons
Tels ces bandits texans, mexicains
À la rupture du temps, de cette histoire en progrès
Révolutions western, pleines de sang et de putains,
Les nôtres étranges, comme tourmentées, pleines de regrets.

Brigades rouges, années de plomb, bande à Baader
Ces jeunes élites d'adolescence hagarde de l'injuste, adhèrent
Au renoncement du juste, s'accordant le droit de mort,
Usant des mêmes armes que les salauds qui jugeront de leur sort.

L'exemplarité des hommes d'Église, d'État,
N'est jamais au rendez-vous, détestable constat.
Seule la nature nous donne à voir, leçon de choses heureuses
Ce pourquoi on la saccage, trop sauvage, tellement odieuse… !

Comment être crédible si ce n'est par l'exemple ?
Si je sers une main, commerce avec une âme,
J'engage tout mon être à consommer gains et drames.
Il ne faut point monter aux marches des faux temples.

Dictateurs, bandits d'États, aucun intérêt, seule cette certitude
Que le commerce entre hommes, de la paix le prélude,
Ne peut supporter ce narquois malin, croyant faire son bien,
Prêtant son peuple à ses parjures, président de plus rien.
La lon ler, lon ler,

Aucune excuse aux yeux du mieux, au ressenti du bien,
Non celui des morales mais celui du cœur, nœud de l'instinct.
La vertu n'est pas l'ennemi du vice, mère du courage
Elle engage celui-là, le vivant, à devenir l'homme des adages.

Monsieur le président voulant commencer à conclure
Je voudrais vous introduire la politique du beau
Qui rendrait aux États un peu de cette fière allure
Basée cette fois sur la gestion du vrai, le respect de nos peaux.

La conscience, cette qualité de l'être, ce regard de chacun
Cette reine-là, libère et conduit nos actes, un à un.
Notre âme en elle, luciole minuscule, lumière des fées
Détestant les vilains, répudiant les crétins, dessine nos étés.

Nos remords, peurs, colères, regrets sculptent ses artefacts
Inspirant le conscient permanent de la nature des actes.
De même, ces ordres, ces lois d'abord projets, temps de paroles,

Qu'accomplissent, proclament ceux se flattant des protocoles.

Le collectif des pouvoirs, leurs manques, leurs mensonges
Bafouant le savoir commun, la matière vivante des songes
Leurs dénis, mépris, veuleries, sont les caniches du destin.
Ces hommes de rien pissent en meute sur les tapis de l'humain,

Le désespoir de Dieu sera la guerre de l'eau.
Ayant ressuscité les vieilles plaies, les famines,
Ces présidents pillent le grain, les forêts, la mer, ce beau
À des peuples à genoux, spoliés de tout, crevant dans les mines.

Comme si ceux qui décident avaient d'autres solutions,
Comme si ceux qui dirigent avaient d'autres conclusions,
Comme si politiques, finances, banques savaient pouvoir partir
Les côtes, les pays, la planète pillés, ravagés, quitter le navire…

Pervers avertis, consommant le Mot premier du Livre,
Sublime alibi à leur fuite dernière, les élites s'enivrent
Vers d'autres horizons, ils partent continuer, reproduire l'espèce
L'humanité, la Terre, en perdition, ils les quittent sans laisser d'adresse.

Sur des ovnis planqués sous les banquises en débâcles
Ils se carapatent les poches pleines vers d'autres grands cénacles…
Tandis que la mitraille les met en joue ! Ouf ils ont eu chaud,
Le souffle des dernières bombes lèche leurs galactiques radeaux.

Je ne fus, ne revendique rien d'un Robin, du justicier fier
Je ne suis pas ermite, ni ne devins sponsor de cette misère.
Ce que j'ai pensé, fait, commis, le fut pour moi seul
À l'aune de ces cupidités, légitime, de la vie, du beau les linceuls.

Mon regret n'est pas remords, je perds ici cette liberté

Que la plupart vivent dehors, soumis ou révoltés.
Mes victimes, des banquiers ont ce mépris du monde,
Cimetières des ruinés anonymes, dont l'odeur est immonde.

Comme de la mer, des océans, des côtes, des terres, les saisons
Constantes simplement, situent ce socle d'histoire et de raison,
Ces goujats, renégats ont voulu installer leur temps, leur heure.
Épouvantails d'argent, pas le temps de conter ici leurs horreurs.

Ainsi, monsieur le président, je vais enfin me taire
Vous rendre à ce silence-là, s'établissant juste à la fin
D'une guerre, d'une catastrophe, ces festins du destin
Celui bientôt régnant aux dernières paroles de la colère du Père.

Il se pourrait qu'un jour une société sans voleurs existe, se crée
Comme l'un de ces îlots tout neuf de lave refroidie, innocent terril
Où poussent bientôt les semences, par oiseaux et courants, là menées
Il n'y aura pas de banques, l'harmonie première y régnera sans péril...

Dès lors ni vous ni moi n'aurons plus de raison d'être là...
la li lon ler, la la lon ler, lon la

Jamais la mer ne...

Jamais la mer ne se repose
Ainsi le sait le dernier sable
Que sur les grèves elle dépose,
Plages de mémoires considérables.
Les nuages sous le vent
Se hâtent ou passent à vol lent
Guettant sous leur ombrage
Une toujours possible maladie de l'âge.

L'étale basse découvre un peu son lit
Algues, galets, pierres polies ou grevées de ses assauts
Abritent le bestiaire coquillé de ses rêves salés en basses eaux.
À pleine eau, elle s'étale, déferle, submerge, embellit.

Tous les rivages du monde, les oiseaux de toutes plumes
Guettent ses mouvements de fond, généreux pourvoyeurs
Des mânes nourrissants, des instances solaires, pluies et brumes
Permettant à la vie attachée à ses côtes de prospérer à toute heure.

Aux sargasses, les marins disent, sous le pot au noir
Pas un clapotis, le moindre souffle, foutue chaleur de désespoir,
Elle semble là, au-delà du repos, en un premier tombeau.
Ici, sa pourriture régale les grumeaux d'algues noirâtres en écheveaux.

Au plus au Nord, à l'extrême Sud
Au-delà des houles fantastiques, plus aucune certitude
Ne vient, sous les rafales, certifier son vieil inné de mère universelle,
Tant l'eau, ici, embruns de neige salée, n'est qu'agression réelle.

Pourtant, l'homme qui la souille, la pêche, la harcèle
Se dit toujours amoureux de lui, d'elle,
Océan masculin, infinitude promise, Mer côtière, intime, un peu
À la foison solaire mêlant l'âme et l'enchevêtrement nuageux

L'albatros mieux que l'homme y trouve place et jeux
Encore que depuis peu certains marins, se plaisent à relancer
La donne des vols rasant, des surfs millimétrés, près d'enfourner
La gigantesque déferlante, haletant hasard, splendide oiseau souriant, heureux

Par-delà ses lumières et ses champs vibratoires
Apparences d'un réel combinant l'illusion à l'écume des soirs
Se fait entendre l'histoire presque infinie d'un vieux cachalot
Ayant de son vivant tant fait pour que les siens restent à l'eau.

Lui seul aurait pu conter les abysses et leurs œuvres prodigieuses,
Seuls ses yeux ouverts, sur cette plage d'agonie, ses plaies vertigineuses
Témoignent de cet en dessous rêvé des enfants, dont ayant fait le tour,
Il est venu porter au monde, le message, les hommes donc, ultime retour.

La pêche aux grands filets ravage ses jardins marins, pépinières nourricières.
Plus au large, plus profond, partout l'humain fait des grands fonds prospères
Un désert de boue, un chantier de mort, où plus rien ne pousse, où nul ne joue.
Parmi les siens, seul en ces profondeurs, il sait que l'immanence les met en joue.

Alors il accomplit l'exploit, et sacrifie sa vie. Il part initier ses compères
Hardiment prend la mer, repoussant son conscient, son fini, mémoire élémentaire.
Il parcourt les deux Atlantiques et puis franchit le Horn, par ce chemin dantesque

Borné par trois courants faisant le tour du globe, il gagne le Nord, foutu, grotesque.

Devant les vides créés, les saccages en cours, l'hyperactivité nocive et vaine,
Romanesque, instruit de lui, après de durs combats avec les mâles natifs,
Il ensemence, au gré des poses, de jeunes femelles conquises, futures reines
De cette génération nouvelle qu'il se sent porter en lui de par ce monde fautif.

Deux fois, plein Pacifique, il surnage les grandes fosses où bouillonnent
Les soupes brûlantes et noires, semences d'espoir, de la Terre à sa mer.
Tout disparaît, s'épuise, en ces infinités, son instinct prescient l'acquiert,
Il lui faut trouver d'autres abîmes de chasse loin de cette humanité cochonne.

Ce qu'aucun autre de sa race n'a accompli, il s'empresse de s'y engager,
Et entame la traversée du grand Sud, l'océan hurlant et rugissant, l'australe.
Albatros des grands fonds, il s'arrime aux courants, adopte les dangers,
Faisant des rugissements de l'onde les siens, il sème du destin l'engendrement fatal.

Durant ce temps, la mer, ses océans, ne se reposent, et portent celui qui du destin,
Prophète des grandes fosses, agit par démesure à la survie des siens.
Improbable traversée, déferlantes, maelström, magnitude, étoiles barrées de nuages
Le grand mammifère marin, se hâte aux vents déments vers son nouveau rivage.

Triomphant d'éléments inconnus de lui, il apprend, en nageant, le chemin
Qu'emprunteront les siens, mu par l'énergie seule que lui dicte sa fin.
Il rejoint affamé, épuisé, un havre, une anse, falaises de glaces bleues, noires.
Au fond des galets roulent, une vie fait bruit. Ses proies en dessous ? il lui faut savoir.

Par cette nuit polaire, où tout n'est que danger, fulgurante froideur,
Il s'emplit d'air gelé, et, de ce lieu ignoré, il plonge vers l'inconnu, sans peur.
Ce que les hommes ont su, c'est que du monstre il a triomphé,
De même que des courants, des marées, des houles. Il est le seigneur né.

Son corps agonisant sur cette plage choisie de lui, fréquentée, coquette
Porte en tout son être, affalé, remarquable, les témoignages de sa quête.
Son flanc balafré retient en une plaie, une griffe jamais vue, de la créature
Dont il offre le festin à ceux des siens qui viendront à cette nouvelle pâture.

L'eau de la mer Tasman, l'azur de ses cieux, emplissant ses yeux ouverts, un peu
Semblent vouloir inscrire, éphémère, un hommage marin, instant digne, heureux.
Les enfants, leurs mères, assis à ses côtés, sur ce même sable d'agonie, pleurent
Ce géant formidable venu des abysses leur témoigner des deux sortes de peur.

À Sonia

Et si tu n'avais pas existé,
Trop charmante Sonia loin des caméras,
Au cœur de la vie même
Jamais tout à fait nôtre
Jamais tout à fait la même que celle d'hier, de juste avant,
laquelle, dès que quittée,
Nous souhaitions tout de suite de nouveau rencontrer.
Si la vie d'ici a une chambre d'amour vertueuse
Où se dénouent tout ces vastes mystères
C'est avec toi au coin d'un verre, une table d'un soir
Qu'un peu de notre angoisse foutait le camp
Au deuxième verre, à tes rires de marinière humble et fière.
Confusément tu savais posséder tout.
Consciemment tu as su demander un peu de soleil en plus,
De cet amour introuvable, immense, impossible à vivre, seulement
Tant, ici-bas l'abondance des gars perdus ou pas
T'appelant à leur chevet, te retenait loin de toi.
Tous ceux qui l'avaient conservé ce je ne sais quoi de ce si peu
T'émouvant au point de devenir pour eux
Ce que pas un ne sut être pour toi.
Tu pleurais ton frère aimé
Tu riais en mer, voulais te fondre à tous les soleils.
Guettant l'amour, fouillant cœurs et corps
Pour trouver entre lune et astres ce coin d'amour rêvé,
Iconoclaste, alchimique, transcendant et comblé.
Oui tout cela nous l'avons tous avec toi, un peu évoqué,
Alors tous ceux ici rassemblés t'ayant croisé,
Avons cet espoir, ce rêve fou,
D'avec toi, en ton monde d'amour, de fées charnelles bien nées

De filles d'aventure éprises de cieux et de liberté,
Se réveiller de suite pour te voir franchir,
Là et maintenant ces quelques pas savants,
Que ton être, en bon marin, négociait si souvent pour et vers nous.
À l'entrée des bons ports où toi hôtesse, amie compagne nous ravit.
Jésus, Marie dites bien à Hermès que ton alchimie câline
N'avait pour tout but que des amours opalines, des plaisirs magnifiant,
Des ivresses partagées aux pieds des dieux nommés,
Des instants de vraie vie dans le courage de l'accompli.
Sans cesse pour rapprocher la chaleur de nous autres
Finalement balbutiant de cette vie.
Délicieuse enfant, femme seulement, du soleil et des vents tièdes,
De l'eau, de l'azur et des fous projets d'amoureux brûlants
Tu as plus aimé nous dire tes choses, secrets miracles des roses
Que de partir à jamais en vivre une en vrai, là-bas où s'ennuient la vie des riches.
Tu aimais les artistes, les amis, les copains, généreuse en tout du soir au matin.

Tous sont là pour te dire tout le regret, la peine et le chagrin qu'ils ont
À te savoir pour longtemps plus là.
De solides bateaux tenteront un jour la traversée des temps,
Rejoindre l'océan d'amour où tu te baigneras, prenant ton temps.
À Dieu donc enfante des Îles, fille du ciel et de ces paradis
N'hésite pas à nous faire signe, si l'un de nous s'écarte trop du cap

Lannion, le 25/11/2010
sans regrets !

Achevé d'imprimer en France
Protection IDDN